LA GRANDE IMAGERIE

LA GUERRE
1914-1918

Conception
Jacques BEAUMONT

Texte
Christine SAGNIER

Dessins
Jean-Noël ROCHUT

Nous remercions pour son aimable relecture
Christophe Thomas, enseignant du 1er degré, détaché
par l'Éducation nationale au service éducatif
de l'Historial de la Grande Guerre de Péronne.

FLEURUS ÉDITIONS, 15-27, rue Moussorgski, 75018 PARIS
www.fleuruseditions.com

À LA VEILLE DE LA GUERRE

Au début du XXe siècle, l'Europe domine le monde. La vie est plus facile grâce aux progrès techniques et scientifiques : le confort s'améliore, la nourriture est plus variée, les déplacements se font à bicyclette ou en voiture pour les plus riches. La France, la Grande-Bretagne, l'Allemagne, l'Autriche-Hongrie et la Russie sont les nations les plus puissantes. Pour prouver leur force et répondre à leurs besoins croissants en matières premières, elles ont conquis le monde et se partagent l'Afrique, l'Inde, l'Océanie. Mais les rivalités subsistent…

CARTE DES COLONIES DANS LE MONDE EN 1914

Territoires
- Britanniques
- Français
- Allemands
- Néerlandais
- Belges
- Espagnols
- Portugais
- Italiens
- Danois
- Russes
- Japonais
- États-Unis
- Protectorat anglo-ottoman
- États indépendants

Les Français sont en Indochine, en Afrique du Nord et de l'Ouest, les Britanniques en Inde, en Égypte, en Afrique du Sud, les Italiens en Libye, en Somalie, etc. Les Allemands, eux, manquent de possessions coloniales. Les États-Unis et le Japon échappent à la domination de l'Europe sur le monde.

Quand l'Europe se partage le monde

Avec la croissance économique, les usines toujours plus nombreuses consomment de plus en plus de matières premières. Les terres conquises à l'autre bout du monde fournissent le caoutchouc, le sucre, le coton, les huiles végétales. Sous prétexte d'y apporter la civilisation, soldats, missionnaires et marchands européens soumettent par la force les populations jugées inférieures. Les colonies ne sont pas seulement des réservoirs de richesses, mais aussi des signes de puissance et des positions stratégiques.

Une si belle époque

Vers 1900, l'Europe connaît une formidable croissance économique. Les foyers s'équipent par exemple de machines à coudre ; au bureau apparaissent les machines à écrire et le téléphone ! La bicyclette est à la mode, mais la voiture reste un engin de luxe. Déjà, les premiers avions ont décollé. Cependant, seule la petite minorité qui détient le pouvoir et l'argent profite réellement de ce que l'on a appelé la Belle Époque.

La formation des alliances

Chaque pays pense que l'autre en veut à sa prospérité. Tous se croient entourés d'ennemis. L'école enseigne l'amour de sa nation (la patrie) et le sens du devoir envers elle. Pour les Français, qui ont perdu l'Alsace et la Lorraine en 1871, le danger vient toujours de l'est. Les Allemands entretiennent la peur des Slaves. Les Russes craignent les Allemands et les Orientaux, tandis que les Italiens redoutent les Autrichiens... Pour protéger leurs intérêts communs, ces pays nouent des alliances. L'Allemagne, l'Autriche-Hongrie et l'Italie forment la **Triple-Alliance**. La France, la Grande-Bretagne et la Russie constituent la **Triple-Entente**.

« Faire la guerre à la guerre »

Les ouvriers tentent de s'unir afin que s'améliorent leurs conditions de vie et de travail. Les partis socialistes européens proposent des réformes pour un partage plus équitable des richesses. Ils rêvent d'une révolution qui soulèverait l'Europe entière : c'est l'Internationale socialiste. Inquiets de la course aux armements que se livrent les pays rivaux, ils déclarent « la guerre à la guerre » en 1907.

Ici en meeting à Paris, le député socialiste Jean Jaurès est un défenseur de la paix.

RÉPARTITION DES ALLIANCES À LA VEILLE DE LA GUERRE

Un foyer d'agitation

Si la France et la Grande-Bretagne sont unies depuis des siècles autour d'une même culture, la Russie et l'Autriche-Hongrie, elles, sont constituées de peuples d'origines diverses qu'elles s'évertuent à réunir. Les petits pays des Balkans se disputent les territoires libérés des Turcs. L'Autriche-Hongrie n'apprécie pas que la Serbie veuille créer une Yougoslavie en regroupant les pays slaves du Sud qui sont alors sous sa propre domination.

LA GUERRE ÉCLATE

28 juin 1914 : l'héritier du trône d'Autriche-Hongrie, l'archiduc François-Ferdinand, est assassiné avec son épouse à Sarajevo, la capitale de la Bosnie, sous domination autrichienne.
Cet attentat au cœur des Balkans est l'étincelle qui met le feu aux poudres. L'engrenage des alliances se met en place : soutenue par l'Allemagne, l'Autriche-Hongrie saisit l'occasion pour régler ses comptes avec la Serbie, qui a l'appui de la Russie. Les États décident la mobilisation et très vite la guerre éclate.

28 juin Attentat de Sarajevo contre l'héritier du trône d'Autriche-Hongrie.

23 juillet Ultimatum de l'Autriche-Hongrie adressé à la Serbie avec un délai de 48 heures.

25 juillet La Serbie décrète la mobilisation générale et donne sa réponse à l'ultimatum.

28 juillet L'Autriche-Hongrie déclare la guerre à la Serbie, qui a refusé l'une des clauses de l'ultimatum.

L'engrenage des alliances

Pour les nationalistes serbes, la mort de l'archiduc est un point marqué face à la domination austro-hongroise. Pour l'Autriche, c'est l'occasion d'en finir une fois pour toutes avec l'agitation serbe. Le 23 juillet, l'Autriche adresse à la Serbie un ultimatum qu'elle sait inacceptable, puisqu'il devrait conduire au démantèlement du pays.

L'archiduc François-Ferdinand et son épouse meurent dans l'attentat du 28 juin à Sarajevo.

L'attentat de Sarajevo

Dans les Balkans, le feu couve entre la toute-puissante Autriche-Hongrie et les nations désireuses de se regrouper sous le nom de Slaves du Sud (voir page 7 : *Un foyer d'agitation*).
La visite de l'archiduc François-Ferdinand dans la capitale de la Bosnie, le 28 juin 1914, jour de la fête nationale serbe, est vécue comme une provocation. Dans la foule qui regarde passer le couple princier se trouve un jeune Serbe en lutte contre la domination autrichienne. Il tire deux coups de feu sur la voiture, tuant l'archiduc et son épouse.

31 juillet — Mobilisation générale en Russie, capable de fournir 26 millions de soldats.

1er août — Mobilisation en France et en Allemagne. L'Allemagne déclare la guerre à la Russie.

3 août — L'Allemagne déclare la guerre à la France suite à la rumeur d'une attaque française.

4 août — Après la violation du territoire belge par l'Allemagne, les Britanniques déclarent la guerre à l'Allemagne.

5 août — 5 jours après l'Allemagne, l'Autriche-Hongrie déclare la guerre à la Russie.

12 août — La Grande-Bretagne déclare la guerre à l'Empire d'Autriche-Hongrie.

23 août — Le Japon déclare la guerre à l'Allemagne. La guerre devient mondiale.

2 novembre — La Russie déclare la guerre à la Turquie, alliée de l'Allemagne et de l'Autriche.

6 novembre — La Grande-Bretagne et la France déclarent le même jour la guerre à la Turquie.

Le 25 juillet, la Serbie décrète la mobilisation générale. Le 28, l'Autriche lui déclare la guerre. C'est l'escalade. La Russie décide une mobilisation partielle. À son tour, l'Allemagne déclare la guerre à la Russie puis à la France, après avoir pénétré en Belgique. Le 4 août enfin, la Grande-Bretagne déclare la guerre à l'Allemagne.

L'union sacrée

Dans chaque pays, quelles que soient leurs origines ou leurs idées politiques, les populations s'unissent face à la menace étrangère. Tous pensent défendre une cause juste, chacun ayant le sentiment d'être agressé. En France, les socialistes, qui avaient pourtant juré de faire « la guerre à la guerre », se joignent aux autres partis pour établir un gouvernement d'union sacrée.

La mobilisation générale signifie que toutes les forces militaires d'un pays sont prêtes à faire la guerre.

La fleur au fusil

C'est l'été, les hommes partent à la guerre, encouragés par la foule. Tout le monde croit en un conflit court et offensif qui n'excédera pas trois mois. Russes, Français et Britanniques comptent sur de grandes charges de cavalerie pour l'emporter. Le plan d'attaque allemand (plan Schlieffen), élaboré depuis 1905, prévoit de frapper la France au plus vite, avant que la Russie ne soit opérationnelle. Jamais l'Allemagne n'avait envisagé l'entrée en guerre du Royaume-Uni.

Les soldats sont très mal équipés face aux canons et aux mitrailleuses. Avec leur uniforme rouge et bleu, les Français sont des cibles parfaites. Ils ne portent même pas de casque, mais un simple képi.

Dans chaque pays, les soldats qui partent au front pensent que la guerre sera courte.

LES PREMIERS MOIS DE GUERRE

Aussitôt la guerre déclarée, l'armée allemande avance comme un rouleau compresseur. Alors que les Français concentrent leur défense à l'est, les Allemands rassemblent leurs forces au nord, menaçant très vite l'armée française d'encerclement. Mais Français et Britanniques contre-attaquent et stoppent l'avancée allemande. À l'est, les Russes créent la surprise en attaquant très tôt. Après les premières offensives sanglantes, les fronts se stabilisent et les armées s'immobilisent.

LES PRINCIPALES OFFENSIVES DE 1914

À l'ouest, la déroute des Alliés !

Le 2 août, l'armée allemande pénètre en Belgique, restée neutre. Le 8, les Français attaquent à l'Est, en Alsace-Lorraine, mais le feu ennemi les contraint très vite à se replier.

Pendant ce temps, les Allemands poursuivent leur avancée au Nord malgré la résistance belge. Les troupes britanniques, débarquées au Havre et à Boulogne, sont à leur tour bousculées. En quinze jours, les Allemands parviennent à 30 km de Paris. Alors que les armées alliées se replient, le gouvernement français quitte la capitale pour Bordeaux. Chez les civils, c'est l'affolement.
En Belgique, une partie de la population fuit devant les Allemands : c'est l'exode.

La course à la mer

Après la bataille de la Marne (voir ci-dessous), la zone de combat se déplace au nord, où les Allemands ont pour objectif de prendre les ports par lesquels les Britanniques débarquent hommes et matériel. Chaque camp envoie sur place le maximum de renforts. De violentes batailles ont lieu du 14 septembre au 17 novembre. Parallèlement, les armées aménagent leurs lignes en installant des réseaux de fils barbelés. Fin 1914, les ports ne sont pas pris et les armées sont immobilisées sur 700 km, de la mer du Nord à la Suisse. La guerre s'étend déjà en Asie et en Afrique.

En attaquant dès la mi-août, les Russes surprennent les Allemands. Les Cosaques (ci-dessous), forment une unité d'élite au sein de l'armée russe.

L'attaque russe

À l'est, les Russes coordonnent leur action avec celle des Français et attaquent après seulement 15 jours de mobilisation. Surpris, les Allemands prélèvent deux corps d'armée sur le front Ouest pour renforcer le front Est, ce qui contribuera au succès de la Marne. Fin août, les Russes, moins bien armés que les Allemands, sont défaits à Tannenberg (dans l'actuelle Pologne), où 92 000 hommes sont faits prisonniers. Plus au sud, les troupes russes affrontent les Autrichiens, qui battent en retraite. Ces mêmes Autrichiens qui, après avoir pris la capitale serbe, Belgrade, le 30 novembre, en sont chassés par les Serbes le 13 décembre. Après cinq mois de guerre, le plan allemand a donc échoué grâce aux Russes qui ont créé un deuxième front plus tôt que prévu.

La bataille de la Marne

Décidés à en finir avec l'armée française en l'encerclant, les Allemands abandonnent le plan Schlieffen et la prise de Paris pour remonter à l'Est, vers Meaux, où se regroupent les Français. Les Alliés organisent alors une contre-attaque le long de la Marne. Toutes les forces sont mobilisées. Les troupes sont transportées en train, et même en voiture, les taxis parisiens étant réquisitionnés. La bataille débute le 5 septembre pour s'achever le 9. Dans les deux camps, les pertes sont effroyables. Mais les Allemands sont arrêtés. Pour les Alliés, c'est une victoire stratégique.

Soldats français durant la bataille de la Marne

Afin d'envoyer plus rapidement des troupes sur le front de la Marne, les Français font appel aux taxis parisiens les 6 et 7 septembre 1914.

1914-1918

LA GRANDE GUERRE

En 1915, c'est l'heure des bilans. Dans les deux camps, les pertes humaines sont considérables et les munitions manquent. Français et Britanniques font venir des combattants de leurs colonies. À l'ouest, les positions sont bloquées, les hommes enterrés dans les tranchées. L'heure est à la guerre défensive. Mais de nouveaux fronts s'ouvrent au Moyen-Orient et dans les Balkans, tandis que l'Italie, la Roumanie et la Bulgarie entrent à leur tour dans le conflit. 1916 marque le retour des grandes offensives.

Tenir coûte que coûte

À l'ouest, le front s'étire sur 700 kilomètres. Enterrées dans les tranchées, les armées sont séparées de quelques centaines de mètres, voire moins. Les Alliés tentent des percées qui, chaque fois, tournent à l'échec : les hommes sont fauchés avant d'atteindre la tranchée adverse. Sur le front de l'Est, les Allemands entendent écraser la Russie, mais les Russes, qui se battent à la baïonnette contre les mitraillettes, résistent malgré une avancée allemande de 500 kilomètres.

À partir de 1915, les Allemands utilisent une nouvelle arme : les gaz toxiques, faits à base de divers produits chimiques. Ils attaquent les voies respiratoires et brûlent la peau. Les soldats se protègent avec des masques.

La bataille des Dardanelles

Les Alliés décident de frapper l'ennemi là où il est le plus faible. En choisissant la Turquie, ils souhaitent inciter les Italiens, les Grecs et les Bulgares à entrer en guerre à leurs côtés. Ils veulent aussi soulager les Russes en permettant d'acheminer du renfort par la mer Noire via le détroit des Dardanelles. L'opération, qui a lieu de février à décembre 1915, est un échec cuisant. Entre-temps, les Italiens ont rejoint les Alliés en déclarant la guerre à l'Autriche-Hongrie le 24 mai 1915.

Fin 1915, à l'est, dans les Balkans, les Serbes sont contraints de fuir à travers les montagnes.

De désastres en capitulations

Plus au sud, les Britanniques, qui débarquent en Mésopotamie (Irak), vont capituler faute de préparation. En Europe, les Italiens, entrés en guerre aux côtés des Alliés, attaquent l'Autriche en mai 1915, mais la bataille s'enlise dans les tranchées. Dans les Balkans, l'armée serbe est prise en tenaille entre l'Allemagne, l'Autriche et la Bulgarie, qui a rejoint l'alliance. Elle est forcée de fuir à travers les montagnes au cœur de l'hiver, entraînant avec elle des milliers de réfugiés.

Verdun : le retour des grandes offensives

Février 1916 : les Allemands décident d'immobiliser l'armée française et d'anéantir ses forces. Comme cible, ils choisissent Verdun. Le 21 février, les positions françaises y sont pulvérisées. Or, malgré les 2 millions d'obus tirés en deux jours, des poches de soldats résistent. Tenir à tout prix, tel est le mot d'ordre côté français. Un roulement de troupes se met en place entre Bar-le-Duc et Verdun pour permettre aux hommes de se reposer avant de repartir combattre : c'est la Voie sacrée. Après six mois de combat, on dénombre près de 700 000 victimes !

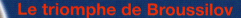

Le triomphe de Broussilov

Le 4 juin 1916, alors que la bataille de Verdun fait rage, les Russes, mieux armés, lancent à l'est une offensive contre les Autrichiens. Profitant de l'effet de surprise, les troupes du général Broussilov font reculer le front de 96 km et s'emparent d'environ 417 000 prisonniers et de 1000 canons. Ce sera la plus grande victoire obtenue par un camp en quatre ans de guerre !

La bataille de la Somme

Alors que la bataille se poursuit à Verdun, les Alliés attaquent dans la Somme le 24 juin. La majorité des combattants sont britanniques et inexpérimentés. Malgré plusieurs jours de bombardements intensifs, les Allemands n'ont rien perdu de leurs défenses souterraines. Les Anglais sont fauchés par milliers. Le commandement allié s'entête. Au bout de quatre mois, seulement 12 km de terrain sont conquis. On compte plus de 1,2 million de victimes.

À Verdun, dans les tranchées, les soldats connaissent l'Enfer. Bombardés par des obus, mitraillés, asphyxiés par les gaz, les hommes dorment peu et vivent avec les morts, dans la boue et la peur.

SUR LES MERS ET DANS LES AIRS

Dès 1914, les Alliés veulent anéantir l'économie de l'ennemi en empêchant vivres et matières premières d'arriver par bateaux jusqu'en Allemagne. Celle-ci réplique à ce blocus en lançant ses sous-marins contre tous les navires militaires ou marchands ralliant la Grande-Bretagne. Cette guerre sous-marine, qui touche même les civils, soulève l'indignation des pays neutres. Pendant ce temps, dans le ciel, ballons et avions ne servent plus seulement à l'observation, mais aussi à l'attaque.

Le blocus

Pour les Alliés, interdire la circulation des navires marchands de l'Allemagne, c'est ruiner son économie, car c'est le commerce maritime qui lui fournit coton, étain, pétrole... L'Allemagne fait d'abord face en comptant sur le commerce avec les pays neutres comme la Suisse, les Pays-Bas, le Danemark. Mais les Alliés contrôlent de plus en plus ces échanges. Faute d'engrais, les récoltes chutent ; faute de coton, on fabrique moins de tissu. Les conséquences sont terribles : privés de nourriture, les Allemands les plus pauvres tombent malades.

Guerre sur et sous la mer

À la suite du blocus, l'Allemagne lance la guerre sous-marine avec pour objectif de retourner la situation en affamant la Grande-Bretagne. Les Anglais réagissent en organisant des convois : les navires marchands sont escortés par des navires de guerre. En 1915, le torpillage du paquebot *Lusitania* et la disparition de 1 158 passagers dont 128 Américains, soulèvent l'indignation dans le monde entier.

En 1915, le paquebot britannique Lusitania est torpillé par les Allemands.

La guerre vue du ciel

Quand la guerre éclate, l'aviation a tout juste onze ans. Déjà, des ballons captifs, les « saucisses », sont utilisés pour soutenir l'artillerie. Les artilleurs étant incapables de vérifier la précision de leurs tirs depuis le sol, c'est l'observateur, dans sa nacelle, qui les guide. Dès les premiers mois de guerre, les Allemands utilisent des dirigeables, les zeppelins (voir p. 20), capables de mener des raids aériens sur de longues distances.

Une force à part entière

1917 : désormais, les avions volent en formations de 50 appareils ou plus. Ils appuient les combats au sol, attaquent les tranchées et les bases arrière, détruisent les voies ferrées, bombardent les grandes villes comme Paris et Londres. Mais l'aviation n'est pas encore considérée comme une force militaire à part entière. Ce n'est qu'en avril 1918 que la première armée de l'air indépendante voit le jour en Grande-Bretagne : la Royal Air Force.

Le 7 juin 1915, un avion britannique abat un zeppelin allemand qui vient de franchir la mer du Nord pour larguer ses bombes sur l'Angleterre.

*En 1914, les marines britannique et allemande sont les deux plus grandes flottes du monde. Elles s'affrontent très tôt en mer du Nord, en Méditerranée comme dans l'Atlantique... Toutefois, une seule grande bataille maritime aura lieu en quatre ans de conflit : **la bataille du Jutland** (au centre), qui se déroule en mai 1916 et permet à l'Angleterre d'affirmer sa supériorité malgré de lourdes pertes.*

Duel dans les airs

Au début de la guerre, les avions servent surtout à la reconnaissance. Les pilotes observent les mouvements de l'ennemi et photographient ses positions. Les appareils ne sont pas adaptés au combat aérien : les pilotes tirent au pistolet ou jettent des pierres pour percer le fuselage de toile de l'avion adverse. Mais, en 1915, l'invention du tir à la mitrailleuse synchronisé à travers l'hélice révolutionne la guerre aérienne. C'est l'époque des duels individuels, dans des avions conçus pour le combat et autorisant toutes sortes de figures acrobatiques pour abattre l'adversaire.

Jet d'explosif à la main (1916).

Les pilotes chevronnés sont appelés des as. Pour avoir cet honneur, il faut avoir abattu au moins 10 avions ennemis.

Après avoir interrompu la guerre sous-marine à la suite du torpillage du Lusitania en 1915, l'Allemagne relance les attaques en 1917.

DANS LES TRANCHÉES

Vivre sous terre, c'est la seule chance de survie pour le soldat monté au front. Avec sa pelle, il creuse un fossé dans le sol qui le protégera du feu de l'ennemi. Les tranchées sont bâties en zigzag pour freiner les obus et permettre de relier l'arrière par des boyaux. Le soldat y vit dix jours d'affilée dans la boue et au milieu des rats avant d'être relevé et remplacé. Quand il ne se bat pas, il attend l'assaut, le ravitaillement, le courrier… avec le bruit des bombardements et l'idée de la mort, qui l'empêchent souvent de dormir.

Les poilus, les poux et les rats

À la mauvaise saison, les tranchées sont exposées au vent, au gel et à la pluie. Empêtrés dans leurs vêtements raidis par la crasse, les soldats s'enfoncent dans la boue. Ils ne peuvent ni se laver, ni se raser, d'où leur surnom de poilu. Ils cohabitent avec les poux, les « totos », et les rats (les « gaspards ») attirés par la nourriture, les ordures et les cadavres. L'odeur qui règne est épouvantable.

Le moment préféré du poilu, c'est la distribution du courrier, son seul lien avec la vie normale. Dans ses lettres, il réclame de quoi ne pas mourir de froid ou de faim, mais il lui est interdit de donner des informations d'ordre militaire, sous prétexte que des espions pourraient intercepter le courrier. Parfois, il devient journaliste en rédigeant des articles pour l'un des journaux des tranchées.

Tromper l'attente

Entre deux offensives, le temps paraît parfois interminable. Les poilus bricolent : avec des douilles ou des éclats d'obus, ils fabriquent des coupe-papier ou des briquets ; avec du bois, ils sculptent des cannes qui leur serviront à chasser les rats ou à marcher, chargés de leur « barda » d'une trentaine de kilos sur le dos. Lors des ravitaillements, ils reçoivent du riz, des fayots, de la viande fraîche, du vin, du café et du tabac. Le reste du temps, ils se contentent de « viande de singe » (des conserves) et de pain. Avant l'assaut, ils ont quelquefois droit à un alcool fort, la gnôle.

Une cantine

La sape

Une offensive se prépare : le plus discrètement possible, les soldats creusent un tunnel jusqu'à la tranchée ennemie, distante de plusieurs centaines de mètres. L'objectif atteint, ils y placent des mines pour tout faire exploser.

Positions françaises

Positions allemandes

Le travail de sape est effectué alors que les tranchées ennemies sont séparées de plusieurs centaines de mètres.

La sape est le tunnel creusé jusqu'à la tranchée adverse pour y placer des explosifs.

Les postes de secours improvisés sur le front sont très sommaires et débordés.

En avant !

L'ordre est donné de passer à l'assaut. Le poilu grimpe à l'échelle pour franchir le parapet. Une fois à découvert, il se rue sur les barbelés qui protègent la tranchée adverse. En face, les mitrailleuses entrent en action, fauchant les camarades autour de lui. S'il est chanceux, il atteint les barbelés qu'il coupe avec une pince et saute dans la tranchée. Là, il lâche son fusil trop encombrant pour se battre avec sa pelle ou son poignard.

Une vraie boucherie

Certains blessés agonisent sur place, d'autres parviennent à se traîner jusqu'à leur tranchée. Ils attendent alors parfois des heures avant d'être évacués vers un poste de secours d'où ils seront transportés en camion, en omnibus ou même en charrette jusqu'à un hôpital situé à l'arrière. Une fois soignés, les plus atteints sont renvoyés dans leurs foyers. Les autres retournent au front.

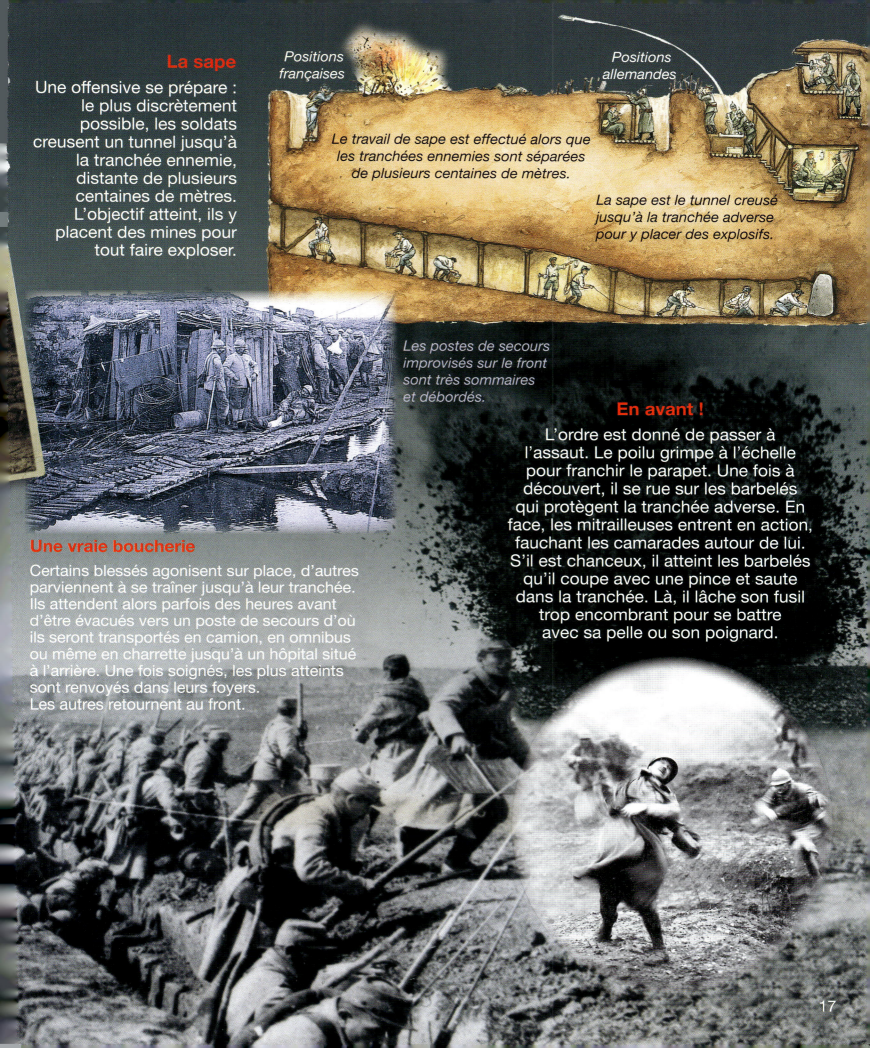

LA GUERRE À L'ARRIÈRE

Exodes, bombardements, massacres : les civils n'échappent pas aux horreurs de la guerre. Les autorités essaient de les garder dans l'ignorance de ce qui se déroule au front, mais la mort d'un proche, les lettres des soldats et les récits des permissionnaires contredisent les informations officielles. Sans compter que la vie à l'arrière est difficile : les prix flambent, la nourriture et le charbon sont rationnés, les femmes et les adolescents sont au travail pour remplacer les hommes.

Le bourrage de crâne

Les journaux rapportent une information officielle censée maintenir l'illusion de la victoire. Les mauvaises nouvelles ne sont pas communiquées et, quand un recul désastreux est annoncé, il est décrit comme une manœuvre stratégique.

Quant à l'ennemi, on le décrit comme un lâche ou un sauvage. Les affiches, les cartes postales et même les jouets des enfants vantent l'image du soldat courageux.

Exodes, massacres, déportations

Dès les premiers jours de la guerre, les routes sont encombrées de familles qui fuient l'armée allemande. Dans les zones de combat, les habitants se terrent pour éviter les représailles (viols, exécutions, pillages…). Dans les territoires occupés, les récoltes et les produits sont réquisitionnés, tandis que les personnes valides doivent travailler pour l'occupant. Dans l'Empire ottoman, au moins un million d'Arméniens sont déportés.

Le rationnement

Pour faire face à une production agricole et industrielle en baisse, la population est incitée à moins manger. Certains produits sont rationnés. En France, c'est la viande, le sucre et le café. En Allemagne, où le blocus s'ajoute aux mauvaises récoltes, le rationnement concerne tous les aliments dès 1916. Dans les pays le plus durement touchés, la sous-alimentation provoque une hausse de la mortalité.

Le mécontentement gagne

Les ouvriers et ouvrières travaillent près de 70 heures par semaine. Les prix augmentent et les conditions de vie sont de plus en plus difficiles. Le mécontentement monte : certains sont accusés de profiter de la guerre pour s'enrichir d'autres, comme les étrangers, de prendre la place des hommes partis au front. Au printemps 1917, de grandes grèves éclatent en France, en Allemagne, en Grande-Bretagne…

À Berlin, en Allemagne, des femmes se rassemblent en 1916 pour crier leur colère. Elles veulent le retour des hommes et s'en prennent aux plus riches, restés à l'arrière.

Tous au travail !

Les femmes, les adolescents et même les prisonniers de guerre sont appelés à remplacer les hommes aux champs ou à l'usine. L'Allemagne déporte des milliers d'ouvriers des territoires qu'elle occupe pour les faire travailler de force. Français et Britanniques font venir des travailleurs de leurs colonies. Les usines reconvertissent leur production afin de fournir armes et munitions.

Pour tous, l'effort de guerre est considérable. Les générations les plus âgées aident les femmes dont le mari est soldat. Ce sont elles qui doivent tenir les exploitations agricoles et faire tourner les usines. Le maréchal Joffre aurait ainsi déclaré : « Si les femmes qui travaillent dans les usines s'arrêtaient 20 minutes chaque jour, les Alliés perdraient la guerre. »

En France, l'arrivée de travailleurs venus des colonies, comme ici des Asiatiques, engendre parfois des incidents racistes.

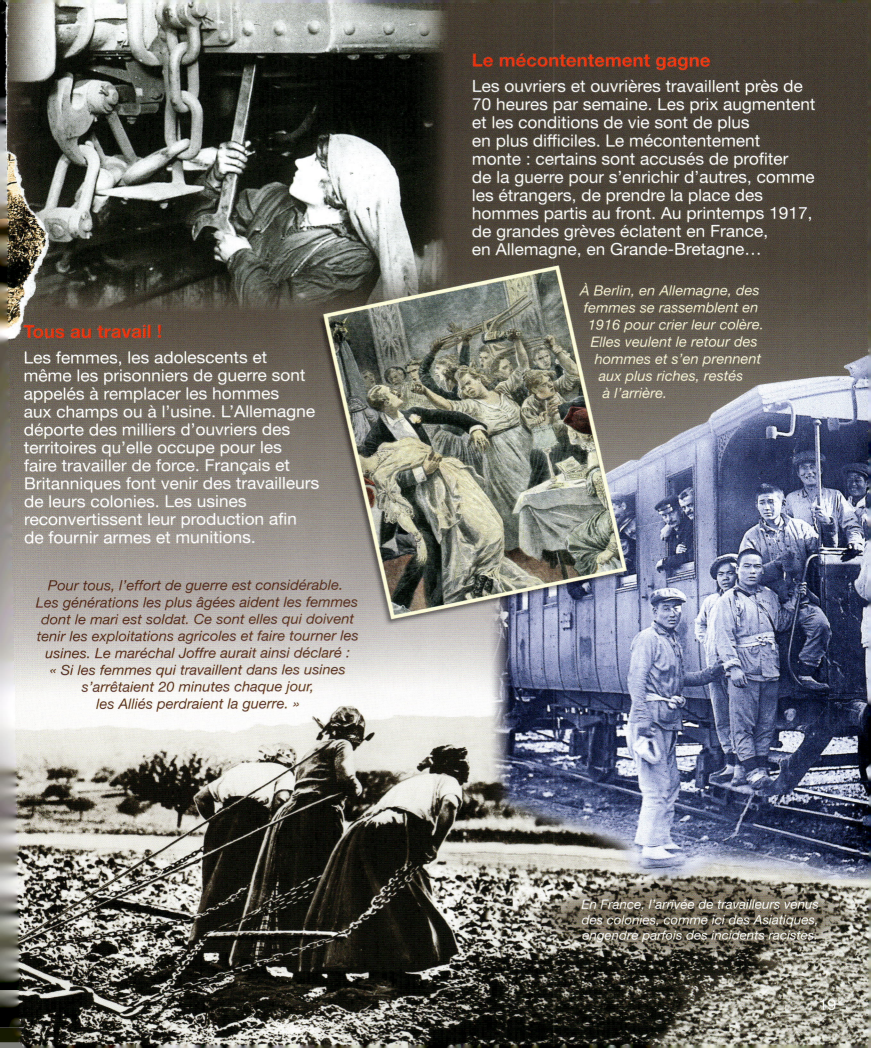

LES ARMES

La Première Guerre mondiale semble à cheval entre deux époques. Tout commence avec des uniformes chatoyants, des charges de cavalerie, des baïonnettes... Très vite, la guerre change de visage, les cavaliers mettent pied à terre, sabres et baïonnettes sont détrônés par les mitrailleuses. Désormais, l'artillerie joue un rôle capital : mines, torpilles, grenades, obus ébranlent les tranchées. Les lance-flammes vomissent le feu, les gaz s'infiltrent partout. Sur terre, le char, seigneur de la guerre industrielle, joue un rôle décisif dans la victoire des Alliés.

Les dirigeables

Les Allemands ont beaucoup misé sur leurs zeppelins. En 1918, ils disposent d'une flotte de plus de 100 zeppelins géants. Volant à 90 km/h en 1914, ils atteignent 130 km/h en 1918 et sont en outre capables d'emporter 40 tonnes d'explosifs. Dans un second temps de la guerre, ils sont relégués à un rôle d'observation.

Les sous-marins

Le premier est opérationnel en 1901. Les Allemands utilisent des flottilles de sous-marins U-Boote pour terroriser les Alliés. Sous l'eau, ils opèrent à la torpille ; à la surface, ils tirent au canon.

Le fusil Lebel

Employé dans l'armée française de 1886 à 1935, il pèse plus de 4 kg. Il tire 21 coups par minute, avec une portée de plus de 1 km ! Pour les combats rapprochés, on fixe à son canon un pic : la baïonnette.

La mitrailleuse

Elle a une portée plus longue qu'un fusil et sa cadence est d'environ 600 coups par minute.

Le canon de 75

En 1914, le canon de 75 français est considéré comme le plus performant : il est capable de tirer 20 coups par minute, d'une portée de plus de 7 km. On le tracte avec des chevaux.

Les gaz asphyxiants

Les Allemands les utilisent pour la première fois en 1915. Les gaz progressent de 2 à 3 m par seconde. Ils s'infiltrent partout, rongent la peau, brûlent les poumons et les yeux... Pour s'en protéger, des masques sont mis au point, même pour les chevaux.

L'aviation

Cantonnée à des missions d'observation en 1914, l'aviation va connaître un progrès considérable durant la guerre tant en rayon d'action qu'en technique de tir. Au début de la guerre, les avions forment des cibles parfaites, car ils volent lentement et à basse altitude. Au fil des mois et des progrès aéronautiques, des escadrilles se spécialisent dans la chasse, d'autres dans le bombardement ou le renseignement.

L'avion de chasse britannique Sopwith Camel

L'avion chasseur allemand Fokker DR1

Des mines flottantes posées par les deux camps parsèment la route des convois maritimes et explosent dès qu'un navire les touche.

Les cuirassés

Le plus performant des cuirassés est sans doute le dreadnought, de conception anglaise. Il atteint une vitesse exceptionnelle de 34 km/h et il est doté d'un armement remarquable (10 canons de 305 mm placés dans 5 tourelles).

L'automitrailleuse

Inutilisable dans la boue des tranchées, elle est longtemps confinée à des missions de défense aérienne. Puis on l'emploie pour assurer la liaison entre les unités de combat.

Le char

Invention britannique, il est destiné à écraser les ouvrages défensifs allemands. D'abord sur roues, il est ensuite équipé de chenilles.

La « Grosse Bertha »

Cet obusier allemand est la pièce d'artillerie la plus célèbre de cette guerre. Elle a fait tomber un à un les forts qui défendent la ville de Liège, en Belgique. Son surnom lui vient du prénom de la fille de son constructeur, Friedrich Alfred Krupp.

Le lance-flammes

Apparu dès 1914 dans les rangs allemands, il sème la terreur mais reste dangereux pour les soldats l'utilisant, à cause de sa bonbonne de pétrole qui peut facilement exploser.

1917
LE TOURNANT DE LA GUERRE

Au front comme à l'arrière, on a le sentiment que la guerre ne finira jamais. « On y passera tous », disent les soldats. En Russie, le peuple affamé se soulève et la révolution gronde. Sur le front Ouest, malgré d'énormes pertes, les chefs s'entêtent à lancer de nouvelles offensives en promettant une fois de plus la victoire. Certains soldats refusent de se battre. Pour les Alliés, l'entrée en guerre des Américains est le seul point positif de cette nouvelle année terrible.

« Le pouvoir aux soviets »

Le tsar abdique le 15 mars et un gouvernement provisoire est instauré. Avec Lénine à leur tête, les révolutionnaires socialistes, appelés bolcheviques, réclament « la terre aux paysans », « la paix immédiate » et « le pouvoir aux soviets » (des assemblées populaires). Le 25 octobre, ils renversent le gouvernement provisoire. Le 15 décembre, Russes et Allemands signent un armistice qui suspend les hostilités.

Sur le front Est, l'annonce de l'armistice entre la Russie et l'Allemagne entraîne des rapprochements entre soldats des deux camps. Ici, des Hongrois et des Russes.

La révolution russe

La Russie est en plein chaos. Le peuple est épuisé par les difficultés à se nourrir et les échecs militaires. En février 1917, des cartes de rationnement sont mises en place. Les queues s'allongent devant les magasins par – 20 °C et les boutiques sont vidées en quelques heures : c'est l'émeute. La population mécontente défile dans les rues de Petrograd, bientôt rejointe par les Cosaques, pourtant chargés du maintien de l'ordre. L'armée se rallie à son tour au mouvement. Ouvriers et soldats constituent un état-major de la révolution : le Soviet.

Exilé en Suisse durant la guerre, Vladimir Ilitch Oulianov, dit Lénine, est le chef du parti bolchevique depuis 1912. Rentré en Russie en avril 1917, après l'abdication du tsar, il prêche pour la Révolution.

Avril 1917 : le Chemin des Dames

À l'ouest, les Alliés rêvent d'une victoire écrasante. Le général français Nivelle convainc les états-majors d'une percée éclair et surprise. Mais les Allemands, qui connaissent le projet, se retirent sur 40 km en rasant tout derrière eux, ponts, voies ferrées, villages, minant le terrain. Repliés sur une ligne arrière, ils attendent l'ennemi. L'attaque principale débute le 16 avril 1917 entre Reims et Soissons. Pour les Alliés, il s'agit de prendre une route qui s'étire sur une crête transformée par les Allemands en forteresse. Mines et mitrailleuses déciment les soldats. C'est un carnage. L'offensive s'arrête le 20 avril. Seul un régiment de Marocains a atteint la crête.

40 000 hommes tombent durant l'offensive du 16 au 20 avril.

Non à l'abattoir !

Après cette nouvelle boucherie du Chemin des Dames, des soldats en colère refusent de monter en première ligne. Les généraux croient à un complot révolutionnaire. En réalité, les soldats refusent d'être considérés comme de la « chair à canon ». Certains mutins sont fusillés, mais face à l'ampleur de la contestation, Pétain, nommé général en chef à la place de Nivelle, met fin aux grandes offensives, améliore le confort des cantonnements et rend les permissions plus fréquentes.

En France, 2 000 à 3 400 mutins sont condamnés. 54 seront exécutés.

L'entrée en guerre des États-Unis

Le 2 avril 1917, les États-Unis déclarent la guerre à l'Allemagne. Mais les Alliés craignent de perdre la guerre avant l'arrivée des troupes américaines, qui doivent s'équiper et s'entraîner avant d'intervenir. Pourtant, quand les premiers Américains débarquent en France le 26 juin, le moral des Alliés remonte enfin.

D'échec en échec

Malgré les mutineries, les Britanniques lancent une grande offensive en Belgique, à Passchendaele. La pluie complique encore la situation. Les hommes, les chevaux et les chars s'embourbent. De son côté, l'armée italienne, en octobre, est en pleine débâcle en Italie, à Caporetto (ci-dessous). Les Alliés décident la création d'un Conseil suprême pour unifier les commandements et les stratégies.

1918

LA VICTOIRE EN VUE

Après trois ans de guerre, les économies courent à la ruine, les pertes en hommes sont considérables et les positions quasi inchangées sur le front Ouest. Le 3 mars 1918, l'Allemagne et la Russie signent la paix de Brest-Litovsk. Grâce à l'arrêt des combats à l'est, l'Allemagne envisage de transférer le gros de ses troupes à l'ouest. Côté Alliés, l'espoir repose sur les renforts en hommes et en matériel venus d'Amérique. C'est le retour à une guerre de mouvement.

Des appels à la paix

En 1917, la Russie, favorable à une paix sans annexions de territoires ni indemnités, invite tous les pays en guerre à négocier l'arrêt des combats. Le 8 janvier 1918, le président américain Wilson énonce publiquement 14 points visant à régler la paix. En vain. Ni Paris, ni Londres ni Berlin n'envisagent de paix sans victoire. Le 3 mars 1918, la Russie signe le traité de paix de Brest-Litovsk avec l'Allemagne, l'Autriche-Hongrie et la Bulgarie, au prix de la perte de nombreux territoires.

Paris est bombardé par le canon à longue portée Long Max, caché en forêt à 120 km de la capitale.

Nouvelle offensive allemande

Les Allemands décident de frapper un grand coup en France en devançant le déploiement des Américains. L'attaque lancée le 21 mars 1918 dans la Somme commence par un gigantesque bombardement d'artillerie soutenu par l'aviation. Le succès des Allemands est incontestable : ils percent les positions françaises, atteignent la Marne. Paris est menacé.

Le 29 mars, un obus tombe sur l'église parisienne de Saint-Gervais pendant l'office.

Chaulnes, dans la Somme. Après l'offensive, la ville est entièrement détruite.

La seconde bataille de la Marne

Face à la situation gravissime, les Alliés confient le commandement général des troupes au général Foch. Celui-ci prépare la contre-offensive. Les Allemands sont épuisés. Or les Alliés disposent des troupes américaines fraîches et de nouvelles armes. Ainsi, les chars associés aux avions seront les artisans de la victoire de la Marne. Le 8 août, 456 chars alliés surgissent du brouillard face aux divisions allemandes. De nombreux soldats se rendent sans combattre. C'est un jour noir pour l'armée allemande.

Les deux trains des délégations française et allemande se retrouvent dans la clairière de Rethondes, près de Compiègne, en France, pour signer l'armistice.

Armistices en chaîne

La Bulgarie signe l'armistice le 29 septembre. L'Autriche-Hongrie, défaite face à l'Italie un mois plus tard, demande également l'armistice. En Allemagne, la situation militaire est désastreuse. Le 4 octobre, elle demande à son tour l'armistice sur la base des 14 points développés par le président américain. Début novembre, la révolution gagne le pays. Il faut attendre le 8 novembre pour que les délégations françaises et allemandes se rencontrent en toute discrétion près de Compiègne. L'empereur allemand Guillaume II abdique le 9 novembre. Le 11 novembre 1918, c'est un gouvernement républicain qui signe l'armistice.

Dans les pays vainqueurs, un vent de joie souffle sur toutes les villes.

En 1919, un calendrier illustrant la victoire.

LA DER DES DERS

Le cauchemar s'achève au bout de quatre ans. La guerre a fait 10 millions de morts, les soldats survivants sont à jamais meurtris par l'horreur des combats, on compte des millions de veuves et autant d'orphelins, des régions sont dévastées. La conférence de paix s'ouvre en janvier 1919 à Paris, sans que les États vaincus y soient conviés. Les empires allemand, austro-hongrois, russe et ottoman disparaissent en donnant naissance à de nouveaux États, mais le problème des minorités n'est pas réglé.

À l'heure où l'on distribue les récompenses pour les services rendus à la patrie, on n'oublie pas les pigeons, qui, au cœur des combats, ont parfois représenté le dernier espoir des combattants et leur dernier lien avec le commandement.

Une génération sacrifiée

Le bilan du conflit est effroyable : 10 millions de morts, plus de 20 millions de blessés et mutilés, dont certains, les « gueules cassées », ont de terribles blessures au visage. Sans compter les hommes incapables de reprendre une vie normale après avoir vu tant d'horreurs et les millions de veuves et d'orphelins…

Des territoires ravagés

En France, en Belgique, en Serbie, en Italie, en Russie, en Pologne, les régions situées dans les zones de combat sont dévastées. Les terres ravagées par les obus ne sont plus cultivables, des villages sont rayés de la carte, des usines détruites. C'est une véritable catastrophe économique. La production est faible, les prix flambent, alors que les États endettés doivent financer la reconstruction.

De nombreux hommes reviennent mutilés. Certains doivent se réadapter à un nouveau métier, d'autres ne peuvent retravailler.

La ville d'Ypres, en Belgique : un champ de ruines.

La Société des Nations

Une nouvelle association mondiale voit le jour en 1919 pour que la « Grande Guerre » soit la dernière des dernières : la Société des Nations. Sa mission : garantir la paix dans le monde et la sécurité entre les nations. Or ni les Russes ni les vaincus n'y sont admis. Quant aux États-Unis, qui refusent de signer le traité de Versailles, ils ne souhaitent pas en faire partie. Ainsi, le rôle de la SDN est il compromis dès sa création.

Des lendemains difficiles

Passée la joie de la fin du cauchemar, le retour à la vie est parfois difficile. Les anciens combattants regardent avec amertume le planqué resté à l'arrière, le profiteur de guerre, mais aussi les femmes, qui ont pris leur emploi ou se sont mariées en leur absence. Pour l'heure, on construit partout des monuments à la mémoire des morts. On crée le culte du soldat inconnu, en hommage à tous ceux qui n'ont pas pu être identifiés. En France, on choisit un soldat anonyme mort à Verdun. Pourtant, la crise économique, le malaise social, les mécontentements consécutifs au Traité de Versailles mèneront à la Seconde Guerre mondiale.

Le traité de Versailles

La conférence de paix siège à Paris en 1919. Les vaincus sont exclus des pourparlers et, parmi les 27 nations participantes, seuls la France, les États-Unis, l'Italie et la Grande-Bretagne ont un pouvoir de décision. Chacun cherche à défendre ses propres intérêts tout en punissant les vaincus. L'Allemagne signe le traité de Versailles le 28 juin 1919. Déclarée responsable de la guerre, elle est condamnée à payer de lourdes réparations aux vainqueurs ; elle perd une partie de son territoire et de ses colonies, son armée est réduite et la région du Rhin en partie occupée, est démilitarisée. Quatre autres traités sont signés avec l'Autriche, la Hongrie, la Bulgarie et la Turquie.

À Paris, tous les 11 novembre, le président de la République française fleurit le tombeau du Soldat inconnu, sous l'Arc de Triomphe. Dans les autres communes, une cérémonie se tient devant le monument aux morts.

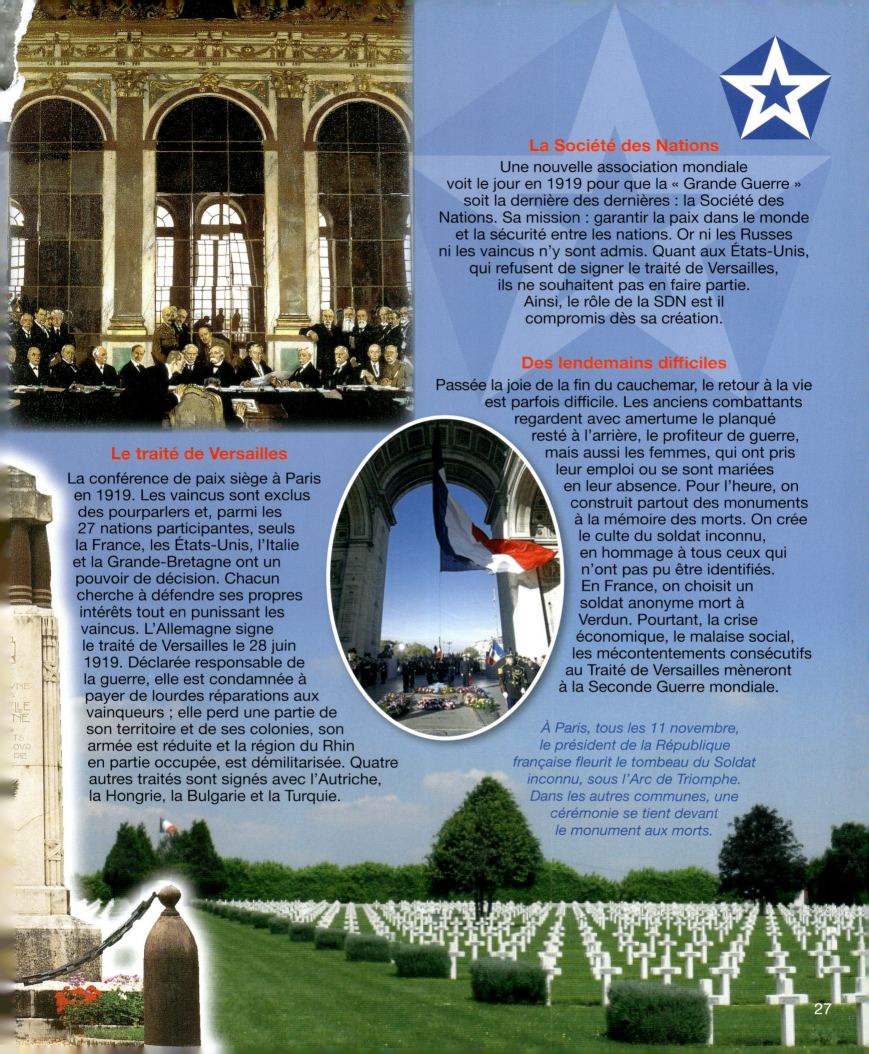

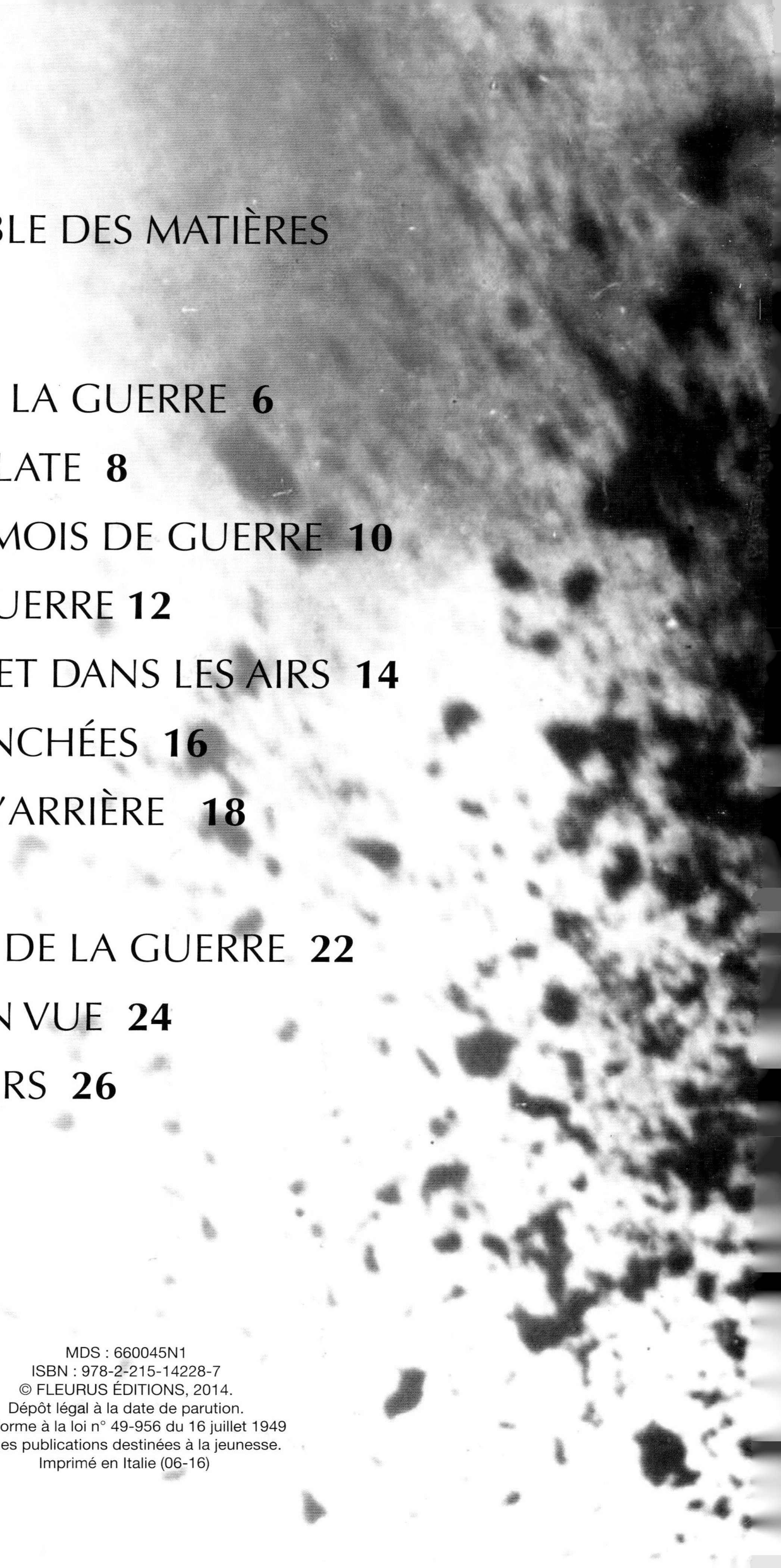

TABLE DES MATIÈRES

À LA VEILLE DE LA GUERRE **6**

LA GUERRE ÉCLATE **8**

LES PREMIERS MOIS DE GUERRE **10**

LA GRANDE GUERRE **12**

SUR LES MERS ET DANS LES AIRS **14**

DANS LES TRANCHÉES **16**

LA GUERRE À L'ARRIÈRE **18**

LES ARMES **20**

LE TOURNANT DE LA GUERRE **22**

LA VICTOIRE EN VUE **24**

LA DER DES DERS **26**

MDS : 660045N1
ISBN : 978-2-215-14228-7
© FLEURUS ÉDITIONS, 2014.
Dépôt légal à la date de parution.
Conforme à la loi n° 49-956 du 16 juillet 1949
sur les publications destinées à la jeunesse.
Imprimé en Italie (06-16)

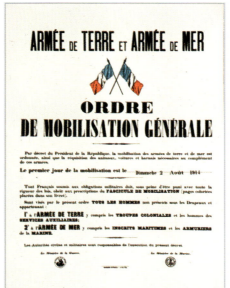

Répartition des alliances à la veille de la guerre.

- États de la Triple-Entente
- États de la Triple-Alliance
- États neutres
- États proches de la Triple-Alliance
- États proches de la Triple-Entente
- Lieux de tensions

Le départ des premiers soldats
français en août 1914.

Affiche annonçant
l'ordre de mobilisation
générale.

L'attentat de Sarajevo,
le 28 juin 1914.

Les taxis de la Marne,
en septembre 1914.

Les alliances en Europe
juste avant le conflit.

L'aviation fait d'incroyables
progrès durant la Première
Guerre mondiale.

Les tranchées, des boyaux étroits
creusés par les soldats sur le front.

Pigeons et parfois même chiens dressés
sont utilisés pour transmettre
les messages vers le quartier général.